그리운 만큼
잊을 수 있습니다

그리운 만큼

잊을 수 있습니다

감성 시인

소야 정 영 숙

그림과책

■ 시인의 말

햇살이 눈부신 날도 모진 한파 속에 온몸이 움츠러드는 날도 내 사랑은 항상 손짓을 합니다. 어려서 몰랐을 때도 푸름 빛나던 젊은 시절도 인생이 익어가던 나이에도 나는 사랑앓이를 하고 있었습니다. 이제 세상 이치를 조금씩 알아가는 이 시점에 서서도 사랑을 게을리하지 않으려 합니다.

귀에는 늘 그리움의 소리가 잔잔하게 요동치고 내 눈길 머무는 곳마다 사랑의 씨앗이 뿌려지고 사랑앓이가 시작됩니다. 그대 사랑에 아픔을 겪고 있다면, 사랑을 이겨 내는 중이라면 또 그대의 사랑으로 불러 본 그리움의 애잔함이 있다면 고운 밤, 함께 노래하고 싶은 한 줄의 시가 되고 싶습니다.

한 줄의 시라도 위안이 되고 밝아오는 아침에 따스한 온기가 될 수 있다면 … 그리운 만큼 잊을 수 없는 사랑이 그대의 밝은 그리움 속에 아름다운 작은 사연들로 남겨지기를 염원해 봅니다. 그리고, 사랑의 꽃으로 피어나시기를 소원해 봅니다.

서툰 첫 시집 출간에 도움을 주신 태강 김준철 작가님, 출판사 손근호 발행인님, 존경하는 마경덕 작가님, 김수현 편집장님, 글벗 백우 장운기 시인님, 타문단에서도 축시로 마음을 전해 주신 시개 김광석 시인님 추포 심승혁 시인님, 존경하는 이윤형 선생님, 벗님 문숙, 인화 돌아가신 엄마를 대신하여 진심으로 축하하며 눈물 흘려 준 동생들 지숙, 상훈이 가족들 진심으로 고마움을 전합니다.

2019년 2월

정영숙

차례

1막 그리운 만큼…

2막 길에게 내일을 묻다

3막 풀초롱의 노래

4막 소야의 작은 정원

1막 그리운 만큼..

언덕 위, 너란 나무 한 그루

쌓이고 쌓여
백년을 쌓아도
그 묵은 그리움은
깊숙이 또 새순을
키워냅니다

이별이 아니듯
기억의 사멸이 없는 한
솔깃한 바람에 살랑이며
올가을에도
그리움을 떨구었습니다

언덕 위 홀로인 듯 나무 한 그루
떨어진 잎새로 뿌리를 감추고
빈 가지로 내보인 전라,
끊어진 듯한, 지상의 사랑을
하소연합니다

새순이 트는 봄
다녀간 흔적 살짝 내보이며
사랑의 입맛까지 소문 낼 것임을

낙엽 흘린 그리움은
사랑 빈자리의 전리품일 뿐

갈색고독을 옷 입고
의미였던 이야기를 털어내는
먼 먼 나무의 소문
지나던 바람이 솔깃합니다
떨어지던 눈발이 올라탑니다

그대에게는

밤하늘에 별이 기억되듯
한여름에 바다가 떠오르듯
쓸쓸한 발자국이라도
나를 따라와 주길

갑자기 넘어선 가을
찬 공기에 옷깃 여미듯
잊혀졌을지라도
본능처럼 떠오르길

바라봄만으로도
미세함 진동되어
유혹하는 꽃잎과
나비의 모습처럼 각인되길

앉았다 일어선 자리
체온의 온기로 남아
그대 기억 속
작은 자리 차지하고

그대에게 정말 그리하면 좋겠습니다

잊혀질 수 있다는 것

헤어짐 뒤
먼발치에서 나를 보는
그대의 편안한 모습을 보았습니다
이미 갈등이 없음은
그 가슴에 내가 잊혀질 수 있다는 것
자신하던 그 모든 것이
변할 수 있음을
사랑할 땐 몰랐습니다
웃으며 보내주는
그대 기억 속에
내가 잊혀질 수 있음
왜 몰랐을까
왜 잊었을까요

그리움에 불시착하다

그리움의 색이 짙어져
당신을 잊고 싶을 때가 있습니다

거울 속에 생소한 시간이
눈물 속에 피어나고

혈관을 타고 흐르던 피의 흐름이
잠 못 들도록 나를 괴롭히던 밤

당신 가슴 어딘지 모를 곳을
몰래 엿봅니다

주인도 허락하지 않은 그곳
갈 곳이 그곳밖에 없어

나는 외딴 나라 외딴 모습처럼
그리움에 불시착합니다

내 서툰 비행을 탓하고
눈치 못 채는 당신을 원망하며

나는 그렇듯 언젠가 떠나야 할
이방인의 모습으로

그래도 살아야겠기에
그대 가슴 위로 내려앉았습니다

그리움이 처음 비행을 시작한 그날처럼

유성을 사랑하여

가장 밝게
지상으로 지던 별 하나
내게로
떨어져 왔네

아름다이 머문
수 천 년의 고백,
냉큼 담아 치마폭에 품었는데
눈으로만, 꿈에서만 지닐 것을

빛 잃은 크나큰 유성우
온기 식은 전설이 되고
감당치 못할 내 몸 가득
시린 별을 품었네

이른 새벽 저 하늘 은하수 별들
반짝임 속, 근심으로 속삭이네
땅에 굳은 사랑앓이
생명 잃은 개똥별

가을 바다에 서서

많던 여름 이야기들은
모두 어디로 보냈을까
바다의 곡적을 뚫고
갈매기 한 마리 유영한다

젖은 냉기에
옷깃 풀어
더 슬퍼 보이는 좌초선
그 위로 떠 있는 등대의 길잡이

걸음 멈춘 달빛이
숨어 살피는
요란했던 여름 바다의 콧바람
칠흑의 수평선 끝, 구름 되어 맺혔다

아침 기다려
차가운 파도 세워 마중 나갔나
겨드랑이 사이로 지나는 새벽 해풍이
손끝 아리게 시리다

낙엽아, 낙엽아

너였더냐
시름시름 앓다 떨어진
붉은 고백이
초췌해진 기다림으로
옹기종기 모여
바람 타고 앉았다

얼마나 앓아
누렇게 떴을까
얼마나 열이 났으면
빨간 불의 옷을 입었을까
마주할 용기가 없어
발끝에 몸을 던지니

산에 열꽃이 핀다
지친 삭신을 포기한
누런 꽃이 진다
너였더냐
먼길 떠나며
공허함 잠시 앉은 것이

떨어지던 잎새 남아

가마 속에 벌건 불빛으로
온 산이 불타오르는데
비틀거리는 바람이
줄기차게 너를 흔든다

수북이 떨군 낙엽 위로
몇 개의 적막이 굴러간다
팔레트 위에 남아 있던 색을 찍어
마지막 남은 너를 그릴까

밟고 가는 낙엽 길
휘청이다 누운 네 회색 영혼이
명 다한 배터리처럼
서글피 들썩이고

지는 속도만큼
생명의 물색도 증발하여
가슴 속 숨죽인 저편에 시간
떨어지던 잎새, 벽에 찍어 놓는다

낙엽 되어 신음하는 밤

떨구어야 할 때를 알고 쏟아내고 있었지
가지마다 숨겨 놓은 사연을
바닥 위에 내려놓고
바람을 핑계로 토해 버린
진실을 보았지

술 취해 휘청거리듯
푸념처럼 벗어버린 진실
힘겨웠던 인연
계절을 이유 삼아
빗길 위로 떨군다

가려는 모습이 신음하는 밤
세상속의 오늘은
어제로 떨구어 버린 군더더기
치장을 벗은 무서운 낯빛
이방인 같은 슬픔 되어 누웠다

빈 둥지

떠날 때는 이유 없이
가기로 한 마음 변함없이
버린 추억은 남김없이
인연의 선은 더 선명하게
가슴을 태워버린 말
헤어지자 했던 그 말

고맙다며 버려진 그날
구석에 놓인 핸드폰서 삭제된
기억을 더듬으며
망각이 다인 양
톱니에 끼여 물려버린 시간까지
잊으려 했던 날갯짓

멀리 갔을까 떠나간 걸까
잊혀졌을까
서성이며 들어서지 못하는 길목,
다신 만나지 말자던 그 길도
날아간 새의 깃털처럼 버려진
비운다며 남겨놓은 미련의 둥지 하나

겨울 속 가을

유리창 안 성에가
서서히 녹는 시간
설원 위에 찍힌 발자국 따라
저 멀리 사라지는 그를
따라가 잡지 못하였습니다

비 오는 낙수 소리를 듣자고
양철 뚜껑 차양을 창가에 얹던
그 희디흰 손을 기억하는데
가을을 건너선 겨울 초입
떠나는 그를
마음으로 잡지 못하였습니다

간다는 인사말도
떠나는 발자국 소리도
듣지 못하였는데
잊혀질 리 없는 여름을 회상하며
약속의 온도가 식어가기 전
홀로인 가을로 들어섭니다

재회를 떠올리니
두렵지 않으나
혹시나 잊음일까 망설여집니다
만남을 기억하니
건넜던 체념의 강이
너무나 멀리 있었습니다

우리 만나면
다른 가을이 시작될까요
우리 서로 사랑한다면
새로운 듯 새로이
다시 사랑할 수 있을까요
가슴이 가을 단풍 들 듯 붉습니다

눈 내리던 그날에

떨어집니다
한 방울 한 방울 눈물이 모여
하얀 인연되어 버린
얼음꽃이 떨어집니다

이뤄지지 못해 피지 못한
꽃물 빠진 흰 서리
목화 흉내를 내며
못 이룬 인연이 눈물 꽃으로 집니다

떨어져 밟혀도
도망도 못 갈
그 누군가의 서러운 인연, 눈꽃 되어
눈 내리던 그 날에

홀로 서럽게 울던
갖은 인연이 부서지지 못하고
마지막 인사를 하러 옵니다
바람을 따라, 바람결을 따라

개펄

텅 빈 바다
개펄은 한숨에 젖어
질퍽이는 설움이 되었네
울부짖음이 물러간 바다는
지친 가슴으로 구멍이 숭숭한데
가뭇가뭇 숨구멍으로
조물락이는 기억들
살아 숨 쉬던
사랑의 밀어들이
진흙 속 어딘가 숨어
추억을 애원하고
헤어짐을 동반한 원망
쪼개진 조가비 조각처럼
해안가 경계 끝에 머무네
수평선 너머
지난 바다 이야기
슬금슬금 술렁이며
바다를 퇴고하고
마지막 황금빛 비단 비늘을
바다 위에 널고 가네
하얀 물거품이 기억을 지우는 밤

상처는 상처 내어 더 아픈 것을

벗기면 새 살이 돋는다며
늘 상처를 헤집습니다
상처에게 쉼을 주지 않으니
삶과 죽음의 경계에서
벗고 입기를 반복하며
고름을 쏟아냅니다

악취라고 소독하고
짓무르다 걷어내니
상처도 뒷전으로 지쳐가고
새 살이 차오를 시간을 주지 않으니
움푹 파여 가는 초조한 시간들
아픔보다 더한 관심이 힘겹습니다

습관처럼 다가오는 손에
몸서리를 치면서도
아니 맡길 수 없는 병든 이름표
사랑에는 이유가 없다며
상처를 어루만지는 그만이
선택할 수 있는 시간

벌개진 살에선 눈물이 차오르고
어제의 살 위로 오늘의 기억이
포개집니다
녹아내린 살 위에 새로 짓는 집
내일은 오늘과 다를까요
상처는 상처 내어 더 아픈 것을
그가 정녕 알면 좋겠습니다

외상外傷

손을 베이고 말았다
조심하자고 늘 마음을 먹어도
선뜩 스치고 가는 예상처럼
손보다 더 빠른 칼에
머릿속 남은 칼날 같은 빈말에
손과 마음이 베이고 말았다

빨간 피보다
더 시리게 파고드는
칼날의 번득임과
아린 통증에 더 주춤거린다
예고된 이별
글썽이는 눈물에
서둘던 내 마음을 들키고 말았다

이별이 아파서가 아니라는데
정녕 아니라 했는데
서툰 칼 솜씨에
손이 베었을 뿐이라고
체념하는 만큼
잘린 속살이 허옇게 파여 간다

온도 없는 너를

입술의 온도가
내려가고 있어
더 이상 내 감미로움을
자극하지 않으려 해

마음의 온도가
식어 가고 있어
붉은색의 열정은 가고
보호색처럼 남아있을 뿐

뜨거워지지 않는
마지막 네 체온만큼
시린 겨울을 원망하지만
이미 예고된 냉기

이별해야지, 이별해야지
찻잔 속에 남아 있는 커피,
온기 없는 너의 잔재처럼
잊은 채 일어서야지

볕뉘의 햇살 헤아리듯

숲속을 파고들던 그리움
소리 없이 쏟아져 들어오고
광채에 넋을 잃고
검은 그늘을 내어놓습니다

어둠 속에 있던 행과 열이
빛 속에 젖은 알몸을 드러내고
스치고 지나간 자리마다
그날의 진심을 드러냅니다

오랜 시간 헤맬 것이라곤
눈치채지 못한 채
사랑의 단면이 열병 되어
그 광채를 그리워하며

잠시면 떠날
달콤함의 피사체를 부여잡고
짙은 밤을 잊으려 합니다
볕뉘에 햇살 헤아리듯

석류 익어가는 빛

동그란 마음을 모으고 모아
해맞이 눈빛을 고정하고
달무리 올려보며

사모하는 마음으로 지니는
사랑앓이 찾아
시간여행을 떠나다

살아봄직한
아름다운 여정의 나이
소녀 같은 투명 속적삼 싸고

터질 듯 익어버린 시간 또한
열정의 알갱이
핏빛 외침들이여

실속 없는 사랑이라도
가득 채워진 열망이고
제 소원한 갈망인 것을

남은 모과 하나

푸른 물빛 하늘에서
날 선 바람이 전해져 오고
시린 몸을 가려주던
초록 잎도 모두 떨어져
빈 알몸 되어 섰습니다
함께일 때는
그 재잘거림만으로 위안이던 시간
모두 떠난 후
나는 고독을 통째로 끌어안았습니다

선택의 시간이 주어진다면
나는 이곳에 남지 않으렵니다
거친 겨울과 맞서
감내하기 힘든 그림자
그 빠른 추위의 속도가
뼛속을 파고들 것을 이미 알기에
두려움은 노란 낯빛 되어
겁쟁이로 남았습니다
흔들리던 육신은 더 파르르 떱니다

날리던 흰 눈이 쌓여
서서히 얼어 오는 몸
천사 같은 아이들의 흥겨움이
이미 곡성처럼 들려오고
마지막 추억도 마르고
떠난 그리움도 뭉그러져 얼어버렸습니다
지켜보는 세상은 순백으로 따스한데
내겐 떠날 자유도 선택받을 용기도 없이
그저 하얗게 방전된 이별의 시간으로 남았습니다

그리운 만큼 잊을 수 있습니다1

바닷가 한쪽
멈춰버린 시간인 줄 알았습니다
잊기에 힘들어
기억의 테두리를 쳐두고
그 안에 오랜 시간 갇혀 지냈습니다

저녁 등대에서
간헐적으로 나오는 불빛처럼
누누이 기억이 떠오를 때면
뜨거운 눈물만큼의 가슴을
도려내었습니다
잊기 위해 흘린 눈물이 잠을 대신하고
뗏목처럼 흔들리는 사연들이
부영하던 해초 뜨듯 떠오릅니다

푸른 달이 시리도록 영근 날
가슴을 따라 추억에 잠기면
이기지 못하는 그리움은
물고기들의 까만 눈처럼 나를 기억합니다
등대를 밀어낸 달빛 속에 몸을 숨기고
하염없이 기다립니다

그 바닷가에
항상 서 있던 나

표류된 시간만큼
아픔은 작아지지 않았습니다
거둠은 가둠을 낳고
떠나감은 흔들리는 동공에 머물 뿐
표류하는 시간만 떠나고
쌓다 만 모래성만 물보라에 스러집니다

그리운 만큼 잊을 수 있겠습니까

그리운 만큼 잊을 수 있습니다2

머릿속을 떠나지 않던 향기가
모래시계를 빠져나가는 모래알처럼
서서히 곁으로 다가왔다 사라집니다
익숙한 향내는 코끝을 맴돌고
뒤돌아보지 못하는 시간
시계는 서서히 구멍을 통과해 가고
확인해 볼 사이 없이
그 누군가는
아득한 기억 저편으로 떠나갑니다

바닥 가득 추억의 모래알이 쌓이고
겁쟁인 나는 멈추어진
모래시계를 돌려세우지 못하였습니다
꽃보다 더 진한
그만의 냄새가
서러움처럼 밀려들어도
가슴에 난 구멍을 비집고 들어와
비껴가지 못하는 갇힌 공간에 들어앉아도
밀어내지 못하였습니다

향기만으로도
그리움이 되었습니다
아득한 곳으로 가 버린 그가 남긴
그 몽환적인 향기는
사랑을 사랑하기 위한 주문이었을까요
모래시계의 움직임처럼 내게 각인된
작은 세상이었을까요
뒤집어 놓아도 사라질 수 없는
반복된 기억일까요

그리운 만큼 잊을 수 있겠습니까

상실의 거리

출렁임이 숨죽인 거리
상처가 지혈 되지 않는 거리에
오늘 그들은 보이지 않았다

인파가 사라지고
더듬거리며 흩어진 촛불의 거리
그리고 지워진 기억, 그을음만 남았다

숫돌

지친 칼이
무딘 몸을 뉘었다
헐거워진 칼자루와
녹슨 칼은 이분된 과거
상처가 되어
누렇게 고름 진 시간을
밀어낸다

생명을 주고
먹거리를 만들던 삶에
작은 쉼이 되어
칼금의 빛을 찾아 준다
앞만 보고 살아온
그 등짝을 자식 되어 곱게
밀어낸다

2막 길에게 내일을 묻다

참 좋았던 당신입니다

해바라기처럼 벙그러진 웃음이
나를 향한 바라봄이
언제나 하트모양으로
양팔 벌려 안아줌이
양지를 사랑하는 당신의 모습이
늘 유쾌하고 좋았습니다

태양의 꽃이던 그대가
날 향해 머리를 돌려줄 때
그 황금빛이 빛나도록 눈부심을
가슴에 품은 사랑이
열매로 바뀌어 갈 때
가슴에 아픔 보았지만
날 위한 풍요로움이
입안에 드는 고소함이
어린아이처럼 마냥 좋았습니다

따도 따도 줄지 않는 노란 꽃잎으로
수를 놓는 내 철없음도 감내하며
태양을 배신한 아픔으로
시들해져 머리를 숙일 때도

열매를 지키는 원숙함이라 보여
힘겹게 지쳐가는 당신을 알지 못하였습니다
당신의 허리가 휘어지고
나를 바라봄이 가까워질수록
내 키가 자라 마주 볼 수 있음이 좋았습니다

바람의 칼날이 휘어 놓기 전까지
나는 알지 못하였습니다
황금 꽃이 슬픈 이유를
지닌 모든 것을 내게 주고 떠나려 한다는 것을
태양을 바라보던 꽃이 머리를 숙이던 날

그 배신의 응징에 온몸이 바스러져 감을
갈색으로 타 오그라든 당신의 몸
바라보는 나는,
나는 어찌해야 할까요
남은 고통의 시간을 어찌 바라볼까요
이제는 내게 안겨도 한 줌밖에 안 되는 그대를
내 영혼 속에 자리 잡은 당신을

꽃

바라보는 이 많아라
꽃인 너는
표정이 없어
모르겠구나
누구를 유독 사랑하는지
그래서 꽃인 게지
천상 꽃인 게지
나타내지 않으니
천년만년 꽃으로 있는 게지
누구도 가질 수 없는 이름인 게지
하물며 질 때도
이유를 삼지 않으니 꽃인 게지
책임을 묻지 않으니 꽃인 게지
그리하여 네게 스치는 사랑을 주리
그러니 네게 잠시 마음을 주리
그래서 너에게 영원한 이름을 주리
누구나 가질 수 있으나
누가 전유할 수도 없는 네 이름의 꽃
그 이름이 꽃이어라

안개꽃 같은 너에게

갈라진 잔가지마다
눈꽃 같은 작은 꽃이
마주 마주 피어있다

들여다보니
작은 다섯 장의 꽃잎이
통통하게 물이 올라 희디희다

홀로임이 외로워 함께 있는 꽃
그러함에 다른 꽃을 더 빛나게 하는
특별함을 지닌 너

안개처럼 한들거리는 사랑스러움
어떤 꽃에도 스며드는 고마움
한 다발의 안개꽃이 너처럼 귀하다

솜사탕

나는
꿈이고 사랑이고 행복이야

구름보다 보드라운 희망 되어
네 꿈을 부풀려 갈게

입안 가득 퍼지는
키스의 달콤함은
황홀한 사랑이야

목화보다 더 포근히
손에 닿아
행복을 전해주지

눈과 입과 손은
모두 내 것
축제의 열정, 사랑의 환희
그 모든 것을 네게 줄게

나는
꿈이고 사랑이고 행복이니까

하늘 구름 되어 줄게

가장 외로울 땐
포근히 덮어줄 하얀 뭉게 모포

가장 허기질 땐
달콤하고 고소한 구름소보로빵

가장 가난할 땐
가득 꿈을 그릴 수 있는 구름전지

가장 슬프고 화가 날 땐
함께 펑펑 울어줄 회색 구름을

새털구름도, 털쌘구름도, 연직구름도
언제나 난 그 모습 변하며 곁에 있는데

항상 함께했던
네 마음 부름 한켠이었는데

알고 있니?
하늘구름이었던 나를…

자르지 못한 것은 머리카락만이 아니다

머리카락을 자르는 것이
기록된 시간을 자르는 듯하여
몇 번이고 망설인다

스타일을 바꾼다는 것이
저장된 마음을 바꾸는 것 같아
결론 없이 갈팡질팡이고

네가 아는 나를 자를 것인지
네가 기억하는 내 모습을
바꿀 것인지

몇 번인가 망설이다
결국 그 스타일 그대로 손질만 한다
바글바글 시장 할머니 같은 파마

거울 속엔 지우지도 바꾸지도 못한
동그란 얼굴과 동그란 머리가 남았다
반 년은 또 갈등 없이 숙이로 살아가겠지

앉았던 의자 아래, 아낙들의 푸념이
살짝 잘린 머리카락 위에 먼지처럼 쌓인다
다양한 색상의 머리카락이 잔디와 같다

그곳엔 판사보다 더 강한 미용사가 있어
날카로운 해법으로 드라마를 두드리고
동네 대소사를 모두 외우고 있다

오늘. 그녀 앞에서 한 말,
"그냥, 전처럼 해 주세요."
자르지 못한 것은 머리만이 아니었다

길에게 내일을 묻다

눈앞에 펼쳐진
여러 갈림길 앞에서
항상 그랬듯이
염치없는 셈을 하고 있다

어디로 가는 것이 편한 길인지
유토피아처럼 살 수 있는 길인지
진리도 사랑도 철학도 아닌
그저 빈 몸 하나 편한 길을 가늠하고 있다

삶을 해석할 능력도
슬픔의 기울기를 측량할 그릇도 못 되는 것이
그저 내일 하루 편하기를 갈구한다
아무 징표 없는 그 갈림길에서

인생의 주머니를 탈탈 털어도
아니 보이는 해답
커닝지 하나도 준비 못한 무능을 탓하며
흔들리는 바람에게 묻는다

지나가던 새가 총총 노래를 한다
내 말을 알아들으면 알려주지
앞선 사람들의 발길을 찾으려니
때맞춰 소나기가 지나간다

알 수 없는 설움이 울컥
나비의 하루 자유가 부러운 날이다
그 시선 너머 세상이 아쉬운 날이다
너는 어디로 갈 거니?

탕진의 노래

손에 지닌 것을 모두 놓았다
머리에 지닌 것도 모두 잊었다
가슴에 머물던 것도 모두 걷어 내고
어딘지 모를 곳에 나를 두고 온 시간
내겐 남은 하나

잊혀지지 않는 너의 기억
탕진해야 할 너의 그리움
잊으리라 하고 버린다고도 하고
나도 버렸는데 탕진하지 못한 그것
네 속에 살아 있던 나

침묵

암흑 속에 검은 강
시선까지 먹어 버렸다

높은 담은 장벽이 되어
타협하지 못하고

다문 입과 먼 시선은
단 한 번의 마주침이 없다

쓰디쓴 농도의 식은 커피처럼
매력도 특징도 상실한 주인

애초에 버려진
미래의 진실이었다

고양이의 걸음으로

오는 듯 아니 오고
보는 듯 아니 보고
떠난 듯 제자리를 배회하는 고양이걸음

높은 곳에 사뿐히 앉아
있는 듯 없는 듯
사라진 고양이 걸음처럼 오다

먼 곳을 바라보며
활처럼 휘어진 자세로 떠날 준비를 연습하고
문이 열리는 날, 날렵하게 사라지리라

손끝에 남은 보드라운 피부의 흔적도
반기며 교태롭던 어리광도
소리 없는 고양이 걸음처럼 사라지리

비밀스레 왔던 그 밤처럼
떠날 준비로 늘 몸치장하던 시간
사뿐 우아한 고양이 걸음으로 다가온다

살얼음

나를 실험치 마소서
물빛도 찰랑임도 귀엽다 하며
살짝 삐친 내 모습도 사랑할 수 있습니까

가끔은 변덕이 너라며
강가 가슴을 톡톡 두드려 알려 마소서
절대 빙점 아래가 아니면 볼 수 없나니

나를 멀리 두지 마시기를
먼 시간 두터이 얼어버린 마음으로 돌아서 버린
차가운 강을 기어이 볼 테니

봄이 오기까지 기다리지 마소서
그 봄의 입김 비친 그대 모습
수정처럼 순결 간직하도록

그대 얼굴 비추어
나를 흔들어 주소서 그리움 뽀얀 떨림 지닌
여린 듯 보드라운 살얼음인 채 동면케 하소서

감기

너라면 몰래 오는 듯이
열에 들뜬 몸이라도
밀어내지 못하고
가슴앓이를 하고 마네

매번 올 것을
알면서도
서서히 무너질
채비를 하는 것인지

사랑도 그런 것인지
저당 잡힌 내 몸이 적당히
앓고 지치고 내보내기를
반복하는 것인지

오늘도
기침 몇 번에
잠식된 나는
가슴 한 켠, 너를 삼키고 만다

겨울 매미

더위를 무릅쓰고 울어대던
울음소리 쟁쟁한데
시들한 추위에 벌써 누워버렸다

고통을 참아대며
오롯이 온몸으로 견디던 외로움
땅으로도 숨기지 못하였구나

답변 없는 메아리
산에 묵음이 되고 나무도 치장한 옷을 벗는데
운명 되어 굳어버린 몸, 그 위로 찬 서리가 내린다

민들레 되어

서러워 마오
이보다 더 곱게 헤어질 수 없으니

그립다마오
봄이면 가장 빠른 몸짓으로 피어나리니

아는 체 마오
내 꽃 버린 희생의 홀씨를

더러 마음껏이라도 불어준다면
설령 노란 꽃이 책갈피 될 수 있다면
그대 가슴에 화살촉 박아
사뿐히 내년을 기약하리다

연

인연이 엇박자를 타니
처연하기 그지없다
오르지 못할 곳
가지 않을 곳, 마음대로 날더니
정으로도 남았을 그것이
실낱같던 기다림도 주지 않고
흙발에 묻은 먼지 털 듯
툭 털고 길을 떠난다
어리바리 멍든 것도 힘든데
잘 살라는 말 한마디 없는 것인지
갈수록 멀어져 가는데
춤추는 자유가 어찌 저리 고울까
눈빛만 남기고 가는 짝사랑의 아쉬움을
속 빈 인연의 얼레만 부여잡고
눈물은 허기와 함께
사라진 서녘을 푸념한다

시름 덜어 강물 위로 띄운다

흐르는 강에 의지하여
근심이 흘러간다
돌아갈 시간이 있다면
수돗물 여닫듯
잠갔다 열면 아니 될까
걱정도 우물 속 물 퍼내듯
퍼낼 수 있으면 좋으련
별도 달도 물 위에 앉은 시간
납작한 돌 하나 들어
물수제비 띄워본다
하나, 둘 첨벙
개구리처럼 튀어오르다
연어처럼 사라지는 가여운 돌
반딧불의 잔상들도 퇴행성인지
강가를 헤매는 밤

저 멀리
돌팔매에 닿는 허한 가슴
파장 끝에 메어달고
짧으나마 시름 덜어
강물 위로 띄운다

태양의 꽃으로 피어나리

향기를 버리고
아름다움을 놓으니
피고 짐이 없어진 대신
여물고 지는 잔상으로
열정을 얻은 꽃

캐낼 수 없는
가슴앓이 대신
박혀 사라지지 않는
영원을 선택한 꽃
가슴에 남는 꽃이 되리

천상에 하나뿐인
단 하나의 꽃이 되리
첫사랑이 아닌 너의
마지막 사랑이 되리
스스로 빛을 내는 마지막 꽃이 되리

눈물아, 왜 나를 따라오니

우리는 눈물을 배운 적이 없다
다가오는 설움을 익힌 자국

태어나는 순간
고통을 몸에 새기고
새로운 환경에 두려워하며
입안에 있는 오물을 뱉기 위해
그렇게 울었을 뿐

우리는 눈물과 이별한 적이 없다
삶을 베개 삼은 잠 같은 동반

살아가는 순간
홀로임과 싸울 때
온몸이 피멍 들게 아플 때
분노했던 환경을 이기기 위해
목 안으로 삼켜진 가시 삼키듯

우리는 눈물을 챙겨 본 적이 없다
잠시 미룬 시간의 숙제

태양의 흔적은 없다

붉은 동공을 고통으로
태양은 서서히 삼켜지고 있었다

잠식되어 가는 생명은
끝까지 흔들리며 길을 간다

초연하라, 매정하라 외쳐도
물살을 흔들며 생을 부여잡고

거짓 같던 이야기며
위선 속 숨겨졌던 형태도

모두 수면 속으로 삼켜진다
가시철망처럼 다가오는 파도

적빛으로 변해가던 수평선은
어김없이 모든 것을 먹어 버렸다

검은 바다에 태양의 흔적은 없다
거품을 게어낸 사망의 언어만 떠다닐 뿐

연꽃 차의 향기로

뿌리를 잃은 삶은
햇빛 속에 서서히
제 몸을 줄이며
메말라가고
꺼져 들어갑니다

아름다움 시들어
죽어가는 삶.
따스하던 햇볕의 사랑조차
내 몸에 독소처럼 파고들며
온몸을 고통스럽게 해

죽음처럼 긴 시간
마른 바구니
잊혀진 듯
잊혀짐으로
내 갇힌 시간은 잠들어가고

잊은 줄 알았습니다
놓은 줄 알았습니다
그대 소반에 맑은 물이

내 온몸을 적셔 오기 전까지
그리 사랑이 다시 찾아올 줄

환생이란 이런 것일까
애벌레인 나비와 매미가 다시 태어나듯
찻잔 속에서 다시 태어나는 삶
사랑이 시작되고
메마른 온몸에 피돌기가 시작됩니다

누군가에 입술에 찻물이 닿아
향기 가득 담길 수 있음
뒤늦게사 알았습니다
또 다른 사랑이 시작되고
곁에 함께 머물 수 있는 향기의 차 한 잔

아름다움이 모두 사라진 시간
나눔이 있는 삶이 피어납니다
환생이 주는 새로운 시간
향기 짙은 연꽃 차로
은은한 연꽃의 사랑으로

돌아가는 길

기억에 금이 가기 전
시간이 얼어붙기 전
그곳으로
다시 돌아가는 중입니다

어둠에서 태어나
태초의 것을 배워야 했음처럼
배운 것을 잊으며
되돌아가는 중입니다

만남이 순백에서
시작되었듯이
헤어짐도 순박하게
정리하며 돌아가야겠지요

빛으로 들어와
놀라웠던 세상
어둠으로 돌아가며
아늑함이 젖어옵니다

정상에서 바라보는 시간들
올라올 때 모아온 열정을
내려가며 보람으로 내려놓을 터
돌아가는 길이 곱습니다

세상은 살아봄직
세상은 나눠봄직
세상의 아름다운 색들
흉내낼 수 없어 기억하고 갑니다

아름다운 음악이 있고
살아가며 사랑하는 숨결이 남고
글로 적는 제 마음이 있어
돌아가는 길이 외롭지 않습니다

서서 보니
저 멀리 올라오는 이들과
나보다 앞서 돌아가는 이들
함께 하는 길에 서 있습니다

3막 풀초롱의 노래

강 건너, 약속한 그곳에서

작은 인연의 쪽배를 타고
시간의 강을 건너니
어느새 약속한 지점입니다
모른 채 가면 좋을
연민이 손을 내밉니다
발밑에 떨어져 있던 꿈들

사랑하여 좋았습니다
가진 것을 모두 챙겨
두려움 없이 왔던 길
약속이 있어 견딜 수 있었고
함께 했음 알기에 두렵지 않습니다
지금은 척박한 땅에 홀로 된 나

쪽배를 타고 시간의 연을 건너올
그대를 보면 외로움 주지 않을
사랑으로 기다리겠습니다
뱃머리 돌려 멀리 사라지는 길
오는 길을 헤아리면
지는 석양도 두렵지 않습니다

아주 오래전 약속한 그곳
먼저 내려 기다립니다
그대 오는 길
너무 어둡지 않게
작은 불빛을 준비한 채
떠나올 그곳을 마냥 응시합니다

그대라서 좋았노라고

같은 자리 십수 년이 지났다 해도
다시 돌아볼 눈빛으로 서 있는 그대
항상 그대라서
고맙고도 고맙습니다

그리움은 그리움으로 남겨주고
사연은 사연으로 잇도록 해 준 그대
얼마나 큰 것인지 알아가니
참으로 고마운 일입니다

시간이 사슬처럼 골을 이루고
끊임없이 이어져가도
그사이 함께 굴곡진 동그라미 속
어름잡아 그대와 함께했음 다행입니다

목소리를 찾고
가슴의 온도를 느끼며
지나온 시간 무거워진 눈꺼풀로
마지막 인사를 하고 잠이 듦– 그대와의 소소함

오늘이 어제 같고
내일이 오늘처럼 그리울 수 있게 해 주어
참으로 그대 택함이 즐겁습니다
내일 아침 눈뜰 때도 행복함 주며 다가올 그대

천상에 오를 그날이 되어도
그대와의 조우가 행복했음이라고
고운 모습으로 기억해 줌이 좋았던 나는
스러져도 좋을 지금조차 그대를 그리워합니다

달빛 속에 흔들리고

스미는 마음
고와
드는 감정 잡을 줄 몰랐습니다

오는 향기
촉촉하여
젖는 줄 몰랐습니다

머리 들어 올려다보니
어느 사이
눈 안 가슴에 들어 있음에

결이 고와
하늘 위, 수를 놓습니다
비단 실선, 월광 가득 가슴에 담아 봅니다

사랑이라 말할 때

바라만 봐도 좋은 시간
석양 지던 바다
모래사장에 남긴 작은 글씨
흔한 내 고백이 행복하다

파도에 쓸려가도 남아있는
너의 고백
다시 쓸 수 있는 백지로
남겨둔다

내게도 네게도 특별했던 우리
숱한 고백들 너머
지우지 못할 흔적을 힘들어 하며
갈 수 없는 길 앞에 섰다

쓰지 않았다면 지우지도 않을 것을
흰 포말 대신하여 그 앞에 놓아둔다
파도에 쓸려가도 남아 있는
너의 고백

실반지

함께 있는 동안
꿈을 믿어 주었어
희망을 안겨 주었지
미련이 남도록
주변을 맴돌았으니

기억해도 되겠지
같은 공간에 있던
수많은 조각 인연을
시간이 비껴가며
남긴 존재의 뒤란

오랜 기다림이
주변머리를 빗질하고
남아버린 공허함에
옷 입히던
번듯한 단장

잊으려 하지 마
뜻 모를 실언처럼
쏟아 놓은 이야기라도
내가 기억할 테니
낮달이 밤에 걸린다

사랑하리라
그 먼 기억 끝자리
먼 먼 그 시간까지
잊지 않으리
달 져 버린 그 동그란 고리

아름다운 구속

얼마나 갇혀 지냈는지
알지 못합니다
아름다운 구속에
길들여져
저 멀리 나는 기억을
잊었습니다

푸른 하늘은 새장 속에 뭉개져
자다 깨다를 반복하고
갈라진 틈 사이로
들어서는 주인의
사랑에 길들여져
하루가 저물어 갑니다

넓은 우주 대신
하나의 세상을 알았습니다
그 반김에 뽑힌 깃털의 아픔
지상의 주검이
발밑에 쌓여
삶이 끝나는 날

그대와 함께한
25시
나, 그대 창공 속
그 하나뿐인 아름다운 구속이
가장 아늑했노라고
날개 접힌 잠을 내려놓겠습니다

바람개비 사랑

그대
가슴 시리도록 사랑할까요
온몸으로 가득 빠져든다면
그대 손에 닿아도 부족한 시간들
꿈이라면 깨지 말아달라고

그대
마음 벅차도록 행복할까요
함께하면서 더 그리워지는
돌고 돌아도 간직하고픈 시간
꿈속이라도 지니고 가고픈

그대의 바람으로만
돌아갈 수 있는 바람개비가 되었습니다
그대의 입김으로만
살아날 수 있는 바람개비가 되어 갑니다
오롯이 그대 것이길

깊은 밤, 붉은 꽃

꽃무리
작은 흔들이 모여
한 잎, 한 잎
빛 되어 꽃수를 놓는다

땅에서 새긴 약속
잊지 못해
하늘로 올라
한 송이로, 수를 놓는가

향기로 다 하지 못한
삶의 조각, 보란 듯 태우고
흔들리던 상념도 털고 떠나네
순정 그 밤에, 꽃불 되어

검은 먹의 서書

묵향에 기울어
너를 찾았다
송진이 허공에 날린 그을음을 모아
칠흑 같은 너를 만들었다지

화선지의 빈 여백을 사랑한 너
그림을 그리는 게 아니라
한 줄의 그을음까지
육신을 갈아 주고 가는 삶이었음

새 한 마리 날아오르듯 난을 치고
겹겹이 쌓인 한을 국화로 뿌리며
절벽을 오르는 듯 대나무를 굴절시키고
날린 꿈을 둥근 매화로 그려내는 삶

화선지로 파고드는 깊은 숨결이었구나
어디로 갈 것인지
어디에 머물 것인지
영혼을 점지하고 한껏 춤추는 선

누군가는 자획에 힘이 못 미치고
누군가는 우획에 파장이 크고 강한 모양으로
글자를 타고
손끝으로 전하는 심성이었구나

오늘도
벼루 위에 전신을 갈아
헌신하며 흰 여백 위 춤추는
검은 먹의 서書 너였구나

시선

손을 뻗어
잡아보는 그리움
떨어지는
눈물방울 들킬까
손끝으로 어루만지는
이름 없는 기다림이여

시선은
사소한 이유 뒤
숨을 자리를 찾는데
시선에 사로잡힌 곳
맞이하기 전 떠나보낸 비밀한 사연들
눈물방울 뒤에 숨는다

그리움 머무는 자리

두 눈에 담긴
그대의 마음과 진심이라면
나를 향한 바라봄
손 내밀어 줄 때
발길 돌려, 가겠습니다
그대 있는 그곳까지

가슴에 담은
그대의 그리움이라면
나를 향한 눈빛만으로
먼 시간을 잊고
가던 길 멈춰 기다리겠습니다
그리움 머무는 자리에서

여우비

무작정
마른 볕타고 내려앉아
시름을 털고
구름 없이 가는 길
떨어진 빗방울 흔적 삼아
나를 찾아오려나

시집올 때 고운 모습만
기억해 주지
나더러 변했다 변했다 하니
검버섯 핀 얼굴도
내겐 흡족하고
대죽마디 닮은 손도 대견한 걸

함께 해 온 시간
주거니 받거니
폭풍 같은 비위 맞춘 여우비면 되지
늑대 같던 속마음
모두 보듬고 살았음 귀하지
오늘도 여우비는 가슴 속, 무지개를 꿈꾸는데

내가 술래가 되어 줄게

해님도 달님처럼 숨바꼭질 하고 싶대
햇살 환한 구름 뒤 금방 찾을 수 있는데

해님도 바람처럼 뜀박질이 하고 싶대
가는 길 정해져 손 뻗으면 잡히는 걸

해님도 노을 따라 까꿍 놀이 하고 싶대
잠시도 못 참고 들켜버릴 까꿍 놀이를

해님아해님아, 내 사랑아
널 위해 난, 항상 술래가 되어 줄게

술래잡기

사랑도 술래잡기 같아
신비로움 찾아 긴 시간
눈을 감고 헤아려본다
"찾는다. 다 숨었니?"
너를 찾는 건 나의 몫
잘 숨어야 할 때도 신뢰라는 바위 뒤
그가 올 때까지 참고
기다릴 줄 알아야 하고
달콤함이 무르익어
가슴에 노크를 할 때도
적시에 숨을 죽여야 하지
"어디에 숨었니?"
사랑은 술래잡기 같아
서로를 찾고 숨는
쉼 없는 인생 놀이
술래가 되어
끊임없이 찾아야 하는
팽팽한 긴장 놀이
둘만도 할 수 있는
달콤한 사랑놀이
"못찾겠다. 꾀꼬리~"

부재중 전화 한 통

열기 전에는 알지 못했어요
당신이 준비해 둔 이별의 탄식을

확인키 전에는 몰랐어요
내일 우리의 시간이 멈춰야 한다는 것을

하나의 묵음이 주는 무게를
이별 뒤에 기다려지는 그 긴 초조함의 기다림을

시간이 멈추어 부재중으로 탈선되지 않도록
꽁꽁 붙잡고 싶은 내 미련의 사랑을

낡은 우체통

들여다보고 싶었습니다
그대에게 보내는 편지
한 때는 쉼 없이 보냈던 마음
혹시 잘 도착했는지

궁금했습니다
내게 보내는 이야기가
혹시 남아 있던 건 아닌지
날 향한 그리움의 소식

서성이곤 했습니다
잊지 못해 힘들어질 때
작은 통 안에 실려 보낸 쪽지
남은 미련에 끌려

울지 않는다고 약속했지만
웃으면서만 살 수 없음이고
다신 만나지 않겠다고 한 그 말
가슴에 남은 그대를 지울 수 없었습니다

흘러가는 시간 위로
우체통 속 이야기는 채워져 가고
보내지 못한 수많은 상념은
전하지도 못한 혼잣말로 떠돕니다

수많은 방황도
지나간 인연의 흔적을 지우지 못하고
하찮은 추억도
버리지 못한 기억으로 남아 있는 날

오늘도
낡은 우체통에
편지 한 통 놓아봅니다
분명 예전 같다면 전달받을 그대임 알기에

백지와의 여행

멍한 한나절
햇살이 마당에 내려앉고
바람도 너그러이 지나간다

더위도 추위도
문제가 아닌 그날
홀로이 앉아 있다

지나온 이야기를
기억할 필요도
기억하지 않아도 되는 날

첫발을 들였던
그 호기심을
잊기로 했다

쓰지 않아도 될 여백
맘 쓰지 못한 빈 공간이
예사롭지 않은 빈터에서 노닌다

삶을 지우니
빈 여백이 편안하다
빈 공간이 생기니 삶도 자유롭다

백지와 여행을 떠난다
가진 것을 모두 지우는 여행
가지고픈 많은 것도 함께 사라져 간다

울

경계 쌓은 싸리나무에 볕이 머문다
나들이의 시작과 끝
마당과 바깥의 경계에
작은 햇살이 비집고 들어선다

안과 밖의 차이라야
담장 하나일 뿐인데
꽃과 새들의 소리는
들리는 소문이 사뭇 다르다

바람 따라 흔들리는 울 너머
작은 편지 하나 전해져 오면
명지바람에
세상은 신기하고 반갑게 울을 넘어선다

쓰레질해 놓은 마당
고추 한 바닥 마를 즈음
가을을 넘는 달 소리
바스락 말라가고

울 넘어 보내는 마음 사연
지나는 이의 가슴에 닿았을까
감나무도 살짝
담장 밖을 엿보고

스산함에 문이 닫히면
겨울로 가는 흰 눈송이
궁금함에 너울너울, 울 타고
강아지의 짖음 따라 들어서겠지

소리 없이 이별하고 싶습니다

시원하던 바람이
변덕을 부리더니 밤새
소슬한 추위를 가져다줍니다
부재중이던 약속들이
무수히 떨어져 나가고
그 위에 놓인 서툰 생각들
별난 약속도 배웅한 지 오래인데
죽어버린 사연들이
낙엽처럼 소리 없이 쌓여 있습니다
봉지 하나 들어
미련 없이 담아 내어놓고
새순 돋는 봄을 쉽게 응원하겠지요
잃어버린 시간들 뒤로
잊고 갈 사랑이
눈물 속에 흘러내립니다
내 마음이 주책을 부립니다
나이와 친해진다는 것
조금은 소리 없이 이별하고 싶습니다

남은 커피 반 잔

떠난 자리
이별이 정적으로
멈추었습니다
검은 커피 반 잔 속에

진하게 농축된 정적은
눈물처럼 진한데
아픔은 블랙보다
더 진하게 남았습니다

이별을 삼킵니다
정적을 삼켜 봅니다
남은 커피 반 잔을 삼키며
나는 다시는 이별을 하지 않습니다

동굴

태초의 사람이 살았을 그곳이
땅속에 숨어 자란다

천년에 1센티를 크니
마주한 내 앞에 너는 빙하시대부터 있었을 터

빗물을 한 방울씩 먹고
느린 시간으로 살아오며

아름다운 누각을 만들고
세상 소리와 빛을 모두 감춘다

빛은 보석으로 자라고
숨결은 차디찬 바람 되어 냉정하다

고요와 적막만이 너에게 선물 받은 자유
모든 것을 내려놓고 시린 한을 담고 돌아서다

사랑아 사랑아

사랑이 깊은 고독임을
눈치채지 못할 때
멈추어다오

사랑이
허상으로 남을 만큼
기억해 다오

사랑이
상처라는 이름으로
떠나가기 전 잊어다오

사랑아 사랑이여
행복하고 자유로울 수 있을 때
더 많이 머물러 다오

나 홀로 아닌 밤

밤새 홀로인 내게
홀로임 아닌 까닭은
등 밝혀
쪼개도 쪼개도 남아 있던
네 추억의 그림자가
무수함 까닭이지
휘저어도 깨어지지 않는
내 그림자 되어버린 까닭이지

가을인 줄 알았더니 겨울이더라

협곡을 흩어 삼키더니
바다처럼 서러움으로 참깨밭을 털어 내며
봉분 못자리 끝,
기세 좋게 오르던 칡넝쿨까지
머리카락 채듯 뒷걸음질치게 한다

예고된 폭풍에
산사의 풍경도 흰자위를 드러내며 부산하고
벗겨진 적막은 두꺼비 소리를 낸다
흐린 일기가 불안타 했을 때
그 여름 이미 불화였던 걸

어찌 그때 못 본 듯 넘겼을까
마른 산 넘던 그 가련한 바람을
눈물 젖은 한숨의 어린 안개짓을
오고 있는 줄 알았더니 가버렸더라
가을인 줄 알았더니 겨울이더라

4막 소야의 작은 정원

치자꽃 사랑에 젖다

발길을 멈추다

살포시 입에 얹으니
향이 곱고 미흡하다

여색이 영글지 아니하여
처녀의 수줍은 속살을 닮았구나

품에 안아 어여삐 여기니
너는 황금빛 고운 색이 되어 노래한다

향기로, 꽃으로, 사연 남긴 치자 물빛으로
세 번 나를 매혹하는 너

꽃밭에 숨지 마라
내 가슴에 옮겨올 수 없으니

뜨거운 태양 피해, 작은 암석 사이 피어난
아름다움아, 숨겨 놓은 나만의 연인아

보름달

때가 되어
말없이 동산에 올라
맘을 살피더니
홀로인 외로움에
온기 되어 심장을 덮어준다

열정이 없다 한들
온정이 없는 것이 아니며
강한 빛 아니어도
길을 밝혀 벗이 되어 주더니
눈물 자국까지 읽어버렸더라

총총히 가는 발걸음
그림자 길게 늘여
사연을 복사 떠 놓고
흐르는 한숨은
여운 따라 달무리로 남긴다

시월 어느 가을날

좁은 골목 하늘
전기선이 만든 기타줄 사이
파란 하늘이
여물어 가는
가을을 노래한다

구경 나온 호박은
담 넘어
누렇게 떠
늘어진 잎으로
여름의 퇴장을 알리고

서린 이슬은
아침 일찍
서리가 되어
여린 생명 위에
서툰 길마중을 나왔다

실어증 걸렸던
주유소 팔랑개비도
간만에
햇살 위에
반짝임을 더하는 날

그리움 하나
가슴에 얹는다
구들장 그리운 온도
실연기 오르는
굴뚝이 향하는 겨울

깊어가야지 이 가을
자라는 나이 길이만큼
목 타던 아쉬움
하늘 전깃줄 기타 삼아
바람으로 노래해야지

별빛 사냥꾼

하늘에는
작은 별들이 총총 빛나고
아무도 깨어 있지 않은 밤
그만이 눈을 껌뻑이며
그들을 응시하고 있다

밝아올 아침
퇴로는 차단되고
밝은 빛을 반짝이며
아우성이던 별들이
침묵하는 시간

서툰 별 하나가
외출을 하였다
긴 꼬리를 그으며
떨어지는 통에
추적하던 그의 사정권에 들고 만다

재빠른 시선이
별을 낚아채고
지상에 닿기 전
조준된 셔터는 사정없이 눌려진다
두려움에 떨던 별들도 숨죽이고

밤하늘의 질서는 깨어졌다
그쯤, 유유히 오른 달 하나
아기별들을 제 품에 품고
밤을 수거한다
잔잔히 여울지는 푸른 밤

동이 트면 떠나리라던 별빛 사냥꾼
서둘러 발을 떼고
지켜보던 달조차 배웅치 않는다
바람도 숨죽인 하늘
새들의 젖은 죽지를 털어낸다

빨래 이야기

무더운 햇살이 말려놓은
옷들이 마른 향을 내며
흔들흔들 주인을 기다린다
꼿꼿한 청바지에선
청년의 자존심이 세워져 있고
얇은 듯 흐르는 블라우스는
아름다운 여인의 몸이 농익어 간다
앙증맞은 아가의 옷에선
까르르 웃는 소리가 숨겨있고
할머니의 고무줄 바지에선
세상을 사는 비결이 담겨 흔들거린다

한여름,
이불빨래를 하던 개울가
이웃 아낙들의 이야기로
사람 사는 이야기가 모이던 그곳
햇살도 말릴 빨래를 찾아
빈 줄 위에 걸터앉는 날
빨래터엔 초록 이끼만 그득하고
햇빛 부족한 빨래들의 얼굴이 창백하다

동백처럼 지다

섬마을
머리 들고 피어난 동백
어여쁨이 해처럼 고운데
겨울 서리 내리기 전
제풀에 뚝 뚝, 머리 떨궈 누웠다

바람 불던 날
순결을 이름 한 올무 되어
붉은 입술 닿기도 전 같은 꽃들 벗해
서러운 순백의 혼
바닥 가득 몸을 던졌고

바닷가 혼례 왕국
동백이란 이름의 꽃
벌 나비도 모르는 정열의 꽃 되어
섬마을 총각 장가가던 날
오색종이 걸린 동백 꽃길로 열리다

드라이플라워

아름다운 향기와
최상의 모습을
그대로 간직하고 싶다는 열망이
꽃의 수분에 빗장을 걸었다

아침에 피어난 싱싱함이
볕에 말라가고
바람에 손발이 묶여
대롱거린다

뼈대는 더 바싹
마른 체형을 드러내고
꽃은 다이어트로
점차 더 작게 재탄생되고

추억은 간직하는 거라며
시간의 벽면에
성화처럼 걸고 있지만
꽃도 나비도 없는 마른 꽃이 되었다

톡 치면 바스라질 듯한
마름질 된 인연이
소리 없이 잊혀지기 좋은
핑계를 벌고

화려하던 색은
기름기 뽑힌 칙칙한 색상으로
이별의 시간을 예고한다
어느날, 바로 버려지리

독감 백신을 투여하듯
씌워 준 비닐에 먼지가 쌓이고
있어도 잊은 듯
잊혀져 걸린 꽃이 된다

변명의 시간이 말라간다
척박한 감금 속에 부동자세인 채
말라 버려지는 것은 꽃이 아니리
고요 속에 떨어진 추억인 것을

달무리 지는 밤

해를 넘기고
달밤을 헤아리며

그림자 집을 짓듯
새집을 마련한다

요동치는 심장 위
집을 짓는 너는 누구인지

우수 어린 달님 얼굴
눈물 자국 읽어 버린 너는 누구인지

고래를 잡으러 가다

잘 훈련된 시어들이
형형색색으로 바닷속을
떼 지어 다닌다

혹여, 잘 자란
범고래 가족을 만날 수 있을지
작은 나룻배는 파도와 술래잡기 중이다

범선도 찾지 못한 고래의 울음소리 들릴까
망망대해 수줍은 달빛도 귀 기울이고
삼일 밤, 낮을 찾은들 물그림자조차 밟힐는지

좌표도 조타도 다 틀린 바다에서
시인의 표류는 기약 없는 항해에도
등대섬을 벗 삼아 파도를 삼킨 바다의 눈을 찾는다
심해 속 헤엄치는 고래를 만나리라
빛이 모이는 곳, 세숫대야만 한 나룻배 하나 동동
길 잃은 고래 한 마리, 침묵 속에 길 떠난 지 오랜데

내 어미의 재봉틀

재봉틀이 들어오던 날
능소화처럼 웃던 당신
윗목에 자리 뺏긴 잠자리에도
담벼락 기대어 밤새 쓸고 닦던 어여쁜 손길
홍학처럼 날았을까, 당신의 꿈

한해 슬픔을 동여매고
밟아대는 재봉틀의 발판 소리 커질수록
남편 잃은 설움 엮어
칡넝쿨처럼 무수히 살아났지
남겨진 자식 생각

당신 가신 그날
가슴에 놓아드린 반짇고리 한 통
동백 같던 젊음 찔리고 떨굴 때마다
골무를 씌우고
고단했던 보풀 같던 삶

자르지 못한 회한의 시간
끊어줄 쪽가위 함께
두어 번의 이사 끝
재봉틀 가던 날
청승을 대신했던 어미의 시간을 내어놓은 뒤,

뭐 그리 아쉬운지 한참을 보듬더니
일생을 내다 버린 죄인처럼 재봉틀 비인 자리
남은 골목만 하염없이 바라보던 당신
그리 남겨 놓은 북 몇 개
반짇고리에 담아 짐을 챙기네

재봉틀 대신한, 딸의 사랑도 지니고 가소서
이생을 박음질할 작은 반짇고리 벗 삼아
홍학이 되어 날으소서 능소화처럼 웃으소서
미련은 동백처럼 다 떨구고
칡넝쿨 타고 편안히 가려 밟고 가소서

*예전 재봉틀을 사고 좋아했던 고모를 생각하며 쓴 글입니다. 보고싶은 나의 고모

소야의 작은 정원

들녘 마른 땅
풀이 되지 않았다면
낮은 키도 살 만했을까

너른 바다
해초가 되지 않았다면
속 시원히 바다를 여행했을까

푸른 하늘
뭉게구름 되지 않았다면
시한부 인생, 달님 우러르듯 소원을 빌었을까

어디에서도
내 인생이 빌린 꼴로 살지 않았다면
혹여, 다른 인생 바꿔준다면

풀로, 해초로, 달로
그도 아닌 지금 빌린 지상의 놀이꾼이
그냥 살고자 하는 길로 가라 하면
나는 무엇이 되고 싶었을까

작은 정원
지상의 꿈이
소망하는 노래로 영글어 씨앗으로 떨어지고
그대 손에 한 권의 시집으로 남았을까

오늘 나는 그대 가슴에
달빛 타고 가련다
살 만하지 않은가
그 작은 정원도

장독대

겨울이 되어도 얼지 않는 한 곳
군대 간 아들 건강히 돌아오라
정화수 올리고
무너진 마음 다잡던 따스함 걸리던 그곳,
쌓인 눈이 있어도 양지가 되어
늘 마음으로 어미가 닦아 놓던
항상 따스한 곳이 있더라

가마솥 가득 금 콩 익어가고
돌절구에 구수한 내음
거뭇하게 둥둥 장이 되어 익어 가는 간장
단발머리 아이의 복숭앗빛 볼이
제 어미의 치마폭에
오물이는 입 가득 콩물 삼켜지며
그 물 먹고 자란 어린아이 시집 보내 해산하던 날
미역국에 쓰인 장
종지 담아내던 그날도 여지없이
장독 녘, 붉은 쪽 달이 따스하게 걸렸지

그 어미의 젊은 날도 그랬더라
양지, 장독대 앞에 앉아
봉숭아 잎 빻아 손톱 물들일 때
나비의 날갯짓에 수줍음 물들어 가고
그해 겨울 첫눈 내리면 온다는 내 임
담장 넘어 장독 뒤로
언뜻언뜻 비추이는 남정네의 모습
그 인연이 처음이며 한 사람일 줄
남긴 발자국을 한참을 바라보았다지

따스한 눈이 소복이
천상에 계신 내 어미의 장독을 덮는 날
이제는 장을 담아줄 이도
독을 덮어줄 손도 아니 남았지만
내 어미의 노랫소리 남아 내 마음속 눈물로 남네
"고추장은 서러운 시집살이 설움이고요
간장은 침묵 절은 가슴이고요
된장은 삶이 삭힌 마음이래요."
흰 눈이 내 어미의 가슴 위로 쌓여 가는 날…

〈펴낸이의 말〉

정영숙 시인의 첫 시집 『그리운 만큼 잊을 수 있습니다』 감성시와 현대시를 아우르는 작품들로 묶어져 있다. 이 시집은 시를 처음 읽는 이나 배우고 싶은 아마추어 문인들에게 교본이 될 수 있는 책이다.

정영숙 시인이 시간과 사람의 삶을 감성시로 만든 작품으로써 근래 보기 힘든 감성시들이 이 시집의 근간이다.

또한 제작부터 출간까지 약 4개월이 걸린 시집으로 정영숙 시인과 출판사는 최선을 다하여 만든 시집이다. 정영숙 시인이 20여 년 동안 적어 온 작품집을 이제야 한 권의 시집으로 묶어낸 귀한 시집이다. 오랜 습작과 퇴고를 통해 만들어진 정성된 시집으로 이 책을 읽는 독자에게 시집의 교본으로써 특히 감성시집으로 추천하고 싶다.

– 손근호/시인, 그림과책 대표

〈정영숙 시인의 시집 출간을 축하하며〉

정영숙 시인의 첫 시집은 작가의 뜻대로 생명력이 살아 실린 작품들로 모아져 있다. 얼어붙은 땅을 비틀어 희망의 새싹을 세상에 내보내는 마음으로 쓴 시집이다.

작품 한 자 한 자를 읽다 보면 어느새 가슴에 스며들며 감성에 빠지게 된다. 작가의 마음을 시로 승화하여 독자의 마음마저 사로잡는 매력을 선물하는 시인에게 감사하다.

심상치 않은 사랑의 기척, 가슴 한쪽에서 속삭이는 밀애의 간곡한 비련의 서곡, 시인은 프롤로그에서 얘기하기를 '귀에는 늘 그리움의 소리가 잔잔하게 요동치고 내 눈길 머무는 곳마다 사랑의 씨앗이 뿌려지고 사랑앓이가 시작된다'라고 했다.

시인은 시의 집을 지으며 얼마나 많은 고뇌를 했을까. 그래서 한 칸 두 칸 시의 방을 들여다보는 독자 또한 감성 시인이 된다. 뜨거운 사연의 집에서 태어난 금쪽같은 시어들이 옥고의 노력으로 첫 시집의 영광을 안고 출간됨을 진심으로 축하합니다.

– 白愚 장운기 시인

〈소야 정영숙 시인 시집 출간에 부쳐〉

『그리운 만큼 잊을 수 있습니다』는 詩 한 편 한 편 부드럽고 푸근한 사랑이 있고 정겨운 미소가 있으며 정영숙 시인의 글을 읽노라면 사랑과 그 아름다움을 승화시켜 나간다.

예리한 시각과 감성을 높이 삼고 그의 빛나는 눈빛과 날카로운 감성에 배어 있는 마음이 함께한다. 또 詩의 효용성과 詩의 역할론적 의미가 살아 숨 쉬는 것이다. 감성 시인으로 서정敍情의 은유적 표현은 시어 속에서 맑은 물이 흐르듯 靑靑하다.

詩는 예술이다. 그래서 현실 공간으로 확장해야만 하고 그것이 바로 시인이라는 예술가藝術家가 해야 할 몫이다.

“사모하는 마음으로 지니는/ 사랑앓이 찾아/ 시간여행을 떠나다// 살아봄직한/ 아름다운 여정의 나이/ 소녀같은 투명 속적삼 싸고” (「석류 익어가는 빛」 부분) 감성 시인의 공간 영역에 속한다.

삶의 경험이 소재가 되어 돼지 저금통에 쌓이는 동전처럼 정영숙 시인 마음이 정. 사랑. 행복 등, 시 속에 천천히 담겨 있다

처녀 출판을 진심으로 축하한다.

– 서울문인협회 부회장 시개 김광섭 작가

〈축시〉

그리움

씨앗 안에 나를 새겨
땅속 깊이 묻었다가
어느 해 봄
새잎으로 피어나면
그때 다시 찾아올까

내 안에 그대를 넣어
마음 깊이 잠갔다가
어느 날 밤
꿈속에서 손짓하면
그때 다시 보게 될까

봄 되고 밤 되어야 가능한 일이라고
애꿎은 시간만 닦달하느라 바쁜
어느 해 어느 날을 향해
견뎌낼 수밖에 없는 마음 하나
다시 한번 축하의 마음을 듬뿍 쏟아봅니다

–문학광장협회 추포 심승혁 시인

■ 작품해설

기다림이 키운, 참담한 쓸쓸함

마경덕(시인)

문학은 슬픔의 가장 아픈 부위를 건드려 "치명적인 진실" 속으로 들어가는 일이다. 김현 평론가는 문학은 "고통스럽게 행복을 생각하는 것"이라고 했다. 즉, 고통이 행복을 낳을 수 있다는 것이니 그 가능성이 문학의 힘이 아닌가. 행동하는 양심, 분노하는 양심이 없었다면 이 세상은 얼마나 타락했을까. 인간은 문학을 통하여 억압하는 것과 억압당하는 것의 정체를 파악하고, 그 부정적 힘을 인지한다. 한 편의 침통한 시는 그것을 읽는 자에게 인간을 억압하고 불행하게 만드는 것에 대한 자각을 불러일으키고 우리를 억압하는 세상의 부조리를 바라보며 결국 인간은 자유롭고 행복하게 살지 않으면 안 된다는 것을 깨닫는다. 그래서 고통스럽게 행복을 생각한다는 것이다. 어떤 예술보다 더 뜨겁게 인간의 모든 문제를 되돌아보게 하는 것이 문학의 힘이라는 것이다. '사르트르' 역시 "시에 있어서는 패자(敗者)가 곧 승자이다. 그리고 진정한 시인은 승리하기 위해서 죽음에 이르기까지 패배하기를 선택한 사람이다."고 하지 않았던가. 시인은 스스로 몰락을 선택한 자들이며 타인의 슬픔과 고통에 길들여진 사람들이다.

신형철 평론가는 "전부인 하나를 지키기 위해 그 하나를 제외

한 전부를 포기" 하는 몰락한 자들의 숭고한 표정에 매료된다고 하였다. 타락한 문화에 길들여진 이 시대에 뜻이 높고 고상한 숭고라는 말은 얼마나 아름답고 귀한 말인가. "전부인 하나를 지키기 위해 그 하나를 제외한 전부를 포기한" 사람들에게 주는 말이다. 문학을 통해 겪게 되는 인식은 어떤 윤리적 행동으로 나아갈 수밖에 없게끔 만드는 지점이 있다고 했다. 그 지점에 닿기 위해 시인은 시를 쓰고 소설가는 소설을 쓴다. 미처 살아보지 못한 타인의 고통을 함께 경험하는 지점으로 가기 위해, 절망이 희망으로 바뀌거나 슬픔이 기쁨으로 환원되거나 타락한 생각이 도덕적 행동으로 바뀌는 지점으로 어떤 알 수 없는 힘에 이끌려 도착하게 된다. '사르트르'가 "글쓰기란 하나의 기도(企圖)"라고 하였듯이 어떤 일을 이루기 위해 계획을 세우고 무엇인가란 질문으로 궁극에 접근하려 노력하는 일이다.

독자는 한 문장의 끝을, 다음에 올 문장을, 다음에 계속될 페이지를 예측하고 자기의 예측에 들어맞거나 혹은 어긋나는 것을 기대한다고 한다. 예측한다는 것은 문장을 이해하고 있다는 것이다. 맥이 통하지 않는다면 예측은 불가능하다. 그렇다면 예측하기 좋은 글을, 또는 예측을 뒤엎는 글을 써야 할 것이다. 서정성이 농후한 정영숙 시인은 예측할 수 있는 범위에서 그 너머의 범위까지 접근한다. 정영숙 시집 『그리운 만큼 잊을 수 있습니다』의 키워드는 제목에서 알 수 있듯이 "사랑과 이별"을 통해 부재의 시간 속에 "방치된 아픔"을 다루고 있다. 황하를 중심으로 중원 일대 여러 나라의 노래 가사를 모아 놓은 공자의 『시경』도 절반은 사람의 감정을 표현한 감성 시였다. 시 속에 자신을 감추고 메시지를 드러내던 서사시의 시대가 막을 내릴 즈음 아름답고 감미로운 선율로 사랑을 노래한 그리스 여성 시인 사포의 연애시가 있었다. 사포가 내세운 최고의 가치는 사랑이었고 사랑이 주는 기쁨이었다. 사랑이 주는 기쁨이 크면 클수록 이별이 주는 상처도 깊다. "사랑의 기쁨"과 "이별의 고통"은 극과 극인 셈이다. 어느 날 멈춰버린 그 지점으로 들어가

보려 한다. 그리운 만큼 잊을 수 있다는 것은 반어법이다. 그래서 '있다'는 것은 '없다'는 것이며 '긍정'이 아닌 '부정'이다. 공감은 서로의 느낌을 공유하는 것이다. 타인의 감정이나 의견에 그렇다고 느끼는 경우 관계는 수평을 유지하지만 사랑에 눈이 멀면 상대를 향한 간절함으로 자신은 사라지고 그 공백은 온통 사랑이 차지한다. 서서히 간절한 쪽으로 수평은 기울어진다. 사랑은 대부분 맹목적이다. 밀고 당기는 팽팽한 관계에 정답은 없다. 소통이 깨지고 생각이 달라지면 파장이 일어난다. 이런 갈등은 정신생활을 혼란하게 하고 "내적 조화"를 파괴한다. 이별은 바로 자신과 싸우는 '항쟁'이다. 사랑은 채워지지 않을 때 죽음의 지경에 이르기도 하지만 소멸과 죽음을 느끼는 그 순간, 자기 존재를 가장 열렬하게 자각한다고 한다. 사랑에 대한 감정을 서술하는 것으로 "시가 될 수 있을까"란 의문이 들기도 하지만 의미가 없어 보이는 것들의 가치를 찾아내고 의미를 부여하는 것이 문학이라는 점에서 합치점을 찾아내기로 한다.

헤어짐 뒤
먼발치에서 나를 보는
그대의 편안한 모습을 보았습니다
이미 갈등이 없음은
그 가슴에 내가 잊혀질 수 있다는 것
자신하던 그 모든 것이
변할 수 있음을
사랑할 땐 몰랐습니다
웃으며 보내주는
그대 기억 속에
내가 잊혀질 수 있음
왜 몰랐을까
왜 잊었을까요

–「잊혀질 수 있다는 것」 전문

타인의 기억 속에서 사라지는 것은 “정신적인 죽음”이다. 하여 살아있어도 누군가에게는 이미 죽은 것이나 다름없다. 누구나 잊힐 수 있다. 그러나 누구도 그 잊힘을 쉽게 받아들이지 않는다. 그래서 갈등이 시작된다. 인간의 믿음은 완전하지 않다. 때와 장소 주어진 조건에 의해 변질될 수 있다. 특히 남녀 간의 애정은 롤러코스터를 타기도 한다. “그대의 편안한 모습을 보았습니다/ 이미 갈등이 없음은/ 그 가슴에 내가 잊혀질 수 있다는 것/ 자신하던 그 모든 것이/ 변할 수 있음을/ 사랑할 땐 몰랐습니다(「잊혀질 수 있다는 것」 부분)”에서 알 수 있듯이 믿음의 고리는 불안전한 고리이다. 인간의 심리는 헤어진 후에도 자신이 서 있던 빈자리를 확인하고 싶어진다. 자신의 부재로 인해 발생할 수많은 사건들이 아무 일 없다는 듯 평온하다면 이 또한 심기가 편치 않을 것이다. 자신의 존재가치가 그 정도밖에 되지 않았다는 확증일 수도 있겠다. ‘잊기’를 바라면서 ‘잊히기’ 싫어하는 남녀의 “이중적인 심리”는 무엇일까. ‘잊힌’ 자와 ‘잊히지 않는’ 자, ‘잊을 수 없는’ 자와 ‘잊어야 하는’ 자, 그 사이에서 갈등과 혼동은 발생한다. 체념이라는 선택은 강인한 의지를 요구하기에 선을 넘는 무리수를 두기도 한다. 김현 평론가는 “문학은 배고픈 거지를 구하지 못한다. 그러나 문학은 그 배고픈 거지가 있다는 것을 추문(醜聞)으로 만든다. 그리하여 마침내는 인간을 행복으로 이끈다”고 하였다. 사랑도 마찬가지이다. 사랑은 자신을 구하지 못한다. 그러나 깨어진 사랑은 고통을 체험하게 함으로써 더 나은 행복을 추구하고 면역력을 키운다. 그것이 “슬픔의 근육”이다. 답은 ‘바깥’이 아닌 ‘내 안’에 있을 것이다.

그리움의 색이 짙어져
당신을 잊고 싶을 때가 있습니다

거울 속에 생소한 시간이
눈물 속에 피어나고

혈관을 타고 흐르던 피의 흐름이
잠 못 들도록 나를 괴롭히던 밤

당신 가슴 어딘지 모를 곳을
몰래 엿봅니다

주인도 허락하지 않은 그곳
갈 곳이 그곳밖에 없어

나는 외딴 나라 외딴 모습처럼
그리움에 불시착합니다

내 서툰 비행을 탓하고
눈치 못 채는 당신을 원망하며

나는 그렇듯 언젠가 떠나야 할
이방인의 모습으로

그래도 살아야겠기에
그대 가슴 위로 내려앉았습니다

그리움이 처음 비행을 시작한 그날처럼

–「그리움에 불시착하다」 전문

착륙 지역이 아닌 곳에 착륙하는 것이 '불시착'이다. 더는 진행할 수 없는 비행에 위험을 무릅쓰고 착륙을 시도하는 마지막 결단이다. 정영숙 시인은 "갈 곳이 그곳밖에 없어 주인도 허락하지 않은 그곳"으로 불시착한다. "그래도 살아야겠기에 그대 가슴 위로 내려앉았"다고 고백한다. 그곳은 외딴 나라이며 이방인이라고 토로함으로 사랑하는 대상과의 거리를 보여주고 있다. 이 거리는 멀고 아득한, 그러나 가장 가까이 다가가고 싶은 열망의 거리이다. 연애의 기본적인 경향성은 대상에 대한 열망이다. 다양한 사람 중, 그 다수에서 한 사람을 추구하는 것이어서 꼭, 그 사람이어야 한다. 그 누구도 마음의 여백을 대신할 수 없기에 간절하고 애달프다. 혼란은 서로의 생각이 전혀 엉뚱한 방향으로 헛돌고 있을 때 일어난다. 시의 주조를 이루는 그리움, 눈물 같은 언어는 심상을 구체적으로 나타내고 있다. 사로잡힌 그것으로부터 빠져나올 수 없을 때 반복적인 행동은 계속된다. 이때 사랑은 철저하게 이기적이다. 이별과 친숙한 성질을 나타내는 이미 알고 있는 전형화 된 표현에 독자는 쉽게 동화된다. 혼란을 일으키는 연애의 방식은 짝사랑이다. 과거에서 현재로 흐르는 공간을 차지한 대상은 오직 '내'가 아닌 '너'이기 때문에 오감은 예민하게 작동한다.

손을 베이고 말았다
조심하자고 늘 마음을 먹어도
선뜩 스치고 가는 예상처럼
손보다 더 빠른 칼에
머릿속 남은 칼날 같은 빈말에
손과 마음이 베이고 말았다

빨간 피보다
더 시리게 파고드는
칼날의 번득임과
아린 통증에 더 주춤거린다
예고된 이별
글썽이는 눈물에

서둘던 내 마음을 들키고 말았다

이별이 아파서가 아니라는데
정녕 아니라 했는데
서툰 칼 솜씨에
손이 베었을 뿐이라고
체념하는 만큼
잘린 속살이 허옇게 파여 간다

－「외상(外傷)」 전문

외상(外傷)은 몸의 겉에 생긴 상처를 통틀어 이르는 말이다. 그렇다면 보이지 않는 내상(內傷)은 어떻게 할까? 정영숙 시인은 칼에 베인 「외상(外傷)」을 통해 치유할 수 없는 치명적인 내상(內傷)을 보여주고 있다. 어느 시인은 한숨이 화가 되어 깊은 병이 들면 엄나무 생가시를 가마솥에 삶아 마시라고 했다. 세상 가시에 찔려 죽을 만큼 아플 때는 가시나무의 가시가 곪은 상처 터트려 주는 명약이라 하였다.

"손을 베이고 말았다/ 조심하자고 늘 마음을 먹어도/ 선뜩 스치고 가는 예상처럼/ 손보다 더 빠른 칼에/ 머릿속 남은 칼날 같은 빈말에/ 손과 마음이 베이고 말았다(「외상(外傷)」 부분)"에서 '칼'은 예감했던 거부할 수 없는 힘이다. 이별이 아파서가 아니라고 서툰 칼솜씨를 변명해 보지만 체념할수록 '내상'은 깊어간다. 서툰 칼솜씨는 서툴게 시작한 첫사랑과 같은 의미로 읽힌다. 「외상(外傷)」은 심리적인 이미지만이 아니라, 현실에서 직면할 수 있는 위험요소까지 포함된 시그널로 파악해야 한다. 미래에 다가올 상처의 가능성을 진술하고 있기에 우리는 이 질문에 대하여 불안한 느낌을 갖게 된다. 스스로 선택한 사랑은 알고 보면 자신의 힘으로는 어쩔 수 없는 이미 예고된 운명 같은 사랑이었다. 어떤 난제에 직면하여 느끼는 당혹스러움은 예고 없이 찾아온다. 연애와 이별의 경향성은 일종의 질병과 같은 것이어서 정상적인 문맥으로부터 멀리 떨어져 있기에 흔적 없이 치유할 명약은 어디에도 없다.

입술의 온도가
내려가고 있어
더 이상 내 감미로움을
자극하지 않으려 해

마음의 온도가
식어 가고 있어
붉은색의 열정은 가고
보호색처럼 남아있을 뿐

뜨거워지지 않는
마지막 네 체온만큼
시린 겨울을 원망하지만
이미 예고된 냉기

이별해야지, 이별해야지
찻잔 속에 남아 있는 커피,
온기 없는 너의 잔재처럼
잊은 채 일어서야지

–「온도 없는 너를」 전문

입술은 촉각에 민감하며, 차거나 뜨거움을 예민하게 느낀다. 입맞춤으로 애정을 표현하거나 입술을 뾰로통 내밀어 자신의 '감정 상태'를 나타낸다. 표정은 '몸의 언어'이기에 뜨겁거나 차가운 마음의 상태가 대부분 얼굴에 드러난다. 정영숙 시인은 입술의 온도, 마음의 온도, 뜨거워지지 않는 사람의 체온, 식어가는 커피의 온도를 유기적으로 연결해 두 사람의 관계를 보여주고 있다. 찻집은 두 사람의 추억이 묻어있는 '물리적 공간'이다. 이곳에 오면 잊었던 기억도 외부의 자극으로 다시 재생된다. 무언가를 기억하는 순간 사라진 공간은 돌아온다. 그곳에서 발생한 체험이 '공간'을 '장소'로 전환시킨 것이다. 이때 그 누구도 들어올 수 없는 '슬픔의 공간'에 갇히게 된다. 여러 가지 온도를 나열하는 동안에도 식어가는 온기를 느낄 수가 있다. "이별해야지, 이별해야지/ 찻잔 속에 남아 있는 커피/ 온기 없는 너의 잔재처럼/ 잊은 채 일어서야지(「온도 없는 너를」 부분)"에서 "잊은 채 일어서야" 하는 반성은 자기로 "되돌아가기" 위한 가능성을 확인하는 일이다. 그러나 "되돌아가겠"다가 아닌 "되돌아가야"지이다. 알면서도 행하지 못하는 자신에게 타이르는 위로의 행위인 것이다. 불확실한 시간을 앞에 두고 영원이라고 믿었던 그 시간은 이제 식어가는 중이다. 어디로 튈지 모르는 "연애의 궤도"는 생각보다 짧았다. 다만 함께였던 그 시간은 무한해서 끝나지 않을 뿐이다. "기억의 근처"에는 과거의 흔적이 남아있는 "연애의 유적"들이 즐비하다. 연애란 우리가 생각하는 만큼 아름답지 않다는 것을 깨달아가는 과정이라고 한다. 상대방이 보여준 매력적인 한 조각의 파편을 보고 그것이 상대방의 전부일 것이라고 믿고 바라보는 것, 이것이 연애의 본질이며 비극이라는 것이다. 이별 후 할 수 있는 것은 오직 '기다림'마저도 잊는 것이다

아름다운 향기와
최상의 모습을
그대로 간직하고 싶다는 열망이
꽃의 수분에 빗장을 걸었다

아침에 피어난 싱싱함이
볕에 말라가고
바람에 손발이 묶여

대롱거린다

뼈대는 더 바싹
마른 체형을 드러내고
꽃은 다이어트로
점차 더 작게 재탄생되고

추억은 간직하는 거라며
시간의 벽면에
성화처럼 걸고 있지만
꽃도 나비도 없는 마른 꽃이 되었다

톡 치면 바스라질 듯한
마름질 된 인연이
소리 없이 잊혀지기 좋은
핑계를 벌고

화려하던 색은
기름기 뽑힌 칙칙한 색상으로
이별의 시간을 예고한다
어느 날, 바로 버려지리

독감 백신을 투여하듯
씌워 준 비닐에 먼지가 쌓이고
있어도 잊은 듯
잊혀져 걸린 꽃이 된다

변명의 시간이 말라간다
척박한 감금 속에 부동자세인 채
말라 버려지는 것은 꽃이 아니리

고요 속에 떨어진 추억인 것을

–「드라이플라워」 전문

부동자세로 묶여있는 「드라이플라워」는 억압된 욕망과 결핍을 드러낸다. 꽃의 피를 말리고 말려 살아있는 듯, 죽어있고 죽어서도 살아가는 꽃의 시간은 결핍의 시간이다. 좀 더 곁에 두고 싶다는 '인간의 욕심'으로 피지도 못하고 절명했다. 모두 저마다의 때가 있었다. 알맞은 습도와 눈부신 햇살과 바람으로 제 몸을 단장하던 미(美)의 상징들, 꽃도 나비도 오지 않는 메마른 시간이다. 하여 꽃은 아무런 슬픔을 느끼지 못할까. 스치는 손끝에도 바스락거리며 부스스 떨어지는 먼지 낀 꽃의 관절들. 정영숙 시인은 "척박한 감금" 속에 부동자세로 말라 버려지는 것은 꽃이 아니라 고요 속에 떨어진 '추억'이라고 한다. "씌워 준 비닐에 먼지가 쌓이고/ 있어도 잊은 듯/ 잊혀져 걸린 꽃이 된다/ 변명의 시간이 말라간다(「드라이플라워」 부분)" 우리는 삭제된 꽃의 생애에 대하여 무엇으로 변명할까. 화려한 색도 짙은 향기도 조금씩 버리고 미라처럼 말라가는 "꽃의 슬픔"을 우리는 아름다움으로 포장한다. 시인이 「드라이플라워」를 통해 보여주는 것은 "내재된 슬픔"이다. 피를 말리고 잠을 말리는 지독한 불치병이다. 사랑은 자신을 지우며, 그 여백에 상대를 세우는 일이다. 그리고 오로지 그만 바라보는 일이다. 숨 쉬는 것, 웃는 것, 말하는 것, 그 어느 하나도 놓치기 싫어 한시도 눈을 떼지 못하고 바라만 보아도 가득 차올라 우주를 품에 안은 '기쁨'인 것이다. 사랑에 대한 치열한 열망은 아름다운 꽃잎처럼 붉지만 동시에 쓰라린 감정을 발생하는 양면적인 성질이 있다. 그토록 뜨겁던 열정도 시간이 흐르면 빛이 바래고 감정도 말라간다. 더 이상 설레지 않는다는 것은 얼마나 참혹한 쓸쓸함인가. 사랑은 인간을 초월한 어떤 힘에 의해서만 견딜 수 있는 갈망이며 사랑의 아픔은 인간 스스로 극복할 수 없는 신비로운 절망이라고 하였다. 「드라이플라워」는 실패한 연애와 말라가는 꽃을 병치시켜 잊혀져가는 것들의 아픔을 잘 드러낸 작품이다. 지워짐의 아픔은 꽃의 부스러기, 고요 속에 떨어진 추억으로 변용된다.

「드라이플라워」에서 우리가 추론할 수 있는 결론은 '버려짐'이다. 꽃이 아름다움이라는 기능을 상실하여 거추장스럽게 느껴질 때 가차 없이 버려질 것이라는 것, 그러나 함께했던 추억은 '소멸'되지 않는다. 꽃이 걸려있는 곳은 벽이라는 '물리적 장소'이지만 추억은 가슴이라는 '심리적 공간'에 존재하기 때문이다. 연애의 기억은 이 두 개의 '공간'을 차지하고 있어 버려지지 않는다. 함께 듣던 달콤한 음악, 어깨를 적시던 하나의 우산, 그윽하고 쌉싸래한 커피 향, 함께 바라본 그리운 풍경들은 불쑥 찾아와 심장을 찌르고 눈물이 고이게 한다. 누군들 이것들로부터 자유로울 수 있을까. 정영숙 시인은 혼자만의 공간을 확보하고 아름다운 슬픔을 진열해놓았다. 시집 『그리운 만큼 잊을 수 있습니다』에서 보여준 색조는 풋감의 떫은맛을 우려낸 갈색이다. 무명천을 물들인 풋감처럼 아릿한 슬픔이 묻어난다. 상실감이 주는 '허망함'과 '외로움'을 이기는 에너지는 어디에서 오는 걸까. '외로움'과 '그리움'은 서로를 보듬으며 위무한다. "이별의 의미"를 생각하게 하는 슬픔이 "충돌하는 지점"은 언제나 흘러가 버린 장소에 살고 있다. '끝이 없는 기다림은 한번 물들면 좀처럼 빠지지 않는 천연의 색처럼 끈질기다. 가히 사랑은 "한 권의 역사"이다. 피를 말리는 "사랑의 아픔"을 무엇으로 다 말할 수 있으랴. 시인의 "아름답고 참담한 슬픔"에 참여한 시간은 오래도록 기억될 것이다.

그림과책 시선 187

그리운 만큼
잊을 수 있습니다

초판 1쇄 발행일 _ 2019년 2월 28일

지은이 _ 정영숙
펴낸이 _ 손근호

펴낸곳 _ 도서출판 그림과책
출판등록 2003년 5월 12일 제300-2003-87호

03030 서울 종로구 통일로 272, 210호(송암빌딩)
도서출판 그림과책
전화 (02)720-9875, 2987 _ 팩스 (02)720-4389
도서출판 그림과책 homepage _ www.sisamundan.co.kr
후원 _ 월간 시사문단(www.sisamundan.co.kr)
E-mail _ munhak@sisamundan.co.kr

ISBN 978-89-94753-86-7(03810)

값 10,000원

◆ 잘못된 책은 교환해 드립니다.
◆ 저자와의 협의로 인지는 생략합니다.

이 도서의 국립중앙도서관 출판예정도서목록(CIP)은 서지정보유통지원시스템 홈페이지(http://seoji.nl.go.kr)와 국가자료공동목록시스템(http://www.nl.go.kr/kolisnet)에서 이용하실 수 있습니다. (CIP제어번호 : CIP2019006588)